섬강일기 4집
연못은 요술쟁이인가

춘헌 채윤병 시조시인님의 유고집을
보내드립니다.

2023년 12월 2일

채희숙 채영희 채희자
채희성 채희수 채희중 謹呈

섬강일기 4집
연못은 요술쟁이인가

섬강일기 4집
연못은 요술쟁이인가

춘헌 채윤병 동시조집

열린출판

서문

내 영혼 같은 꽃밭

꿈이나 생시에나 꽃송이가 눈에 어려
혼쭐에 아로새겨 하늘빛만 우러르다
기어이, 꽃향기에 취해
주저앉고 말았어요.

나는 평생을 외곬으로 45년간 초등학교에 몸담아 왔다. 그래서 항상 어린이들이 올망졸망 뛰노는 모습이 눈에 선하고 그립다. 그때 그 시절을 생각하며 우리 민족의 시, 동시조를 틈나는 대로 써 온 것이 또 한 권의 책이 되어 여섯 번째 시조집을 출판하게 되었다.

어린이들이 책도 많이 읽고 글도 지어보면서 여유로운 마음으로 생활하여 몸과 마음이 튼튼하고 아름다운 사람으로 자라기를 바라는 마음이 간절하다.

이 책이 나오게 되기까지 도움을 주신 분들의 노고에 감사의 인사를 전한다.

2022년 어느 날 지은이

 차례

- 서문__5

제1부 섬강일기

섬강일기 -섬강은 나의 벗이여!··········17
섬강일기 -조약돌의 교훈··········18
섬강일기 -달팽이의 삶··········19
섬강일기 -모래성 쌓기··········20
섬강일기 -어디든지 좋아요··········21
섬강일기 -간현 섬강 축제··········22
섬강일기 -물고기에 반해서··········23
섬강일기 -즐거운 낚시질··········24
섬강일기 -즐거운 물놀이··········25
섬강일기 -섬강에 발 담그면··········26
섬강일기 -물잠자리··········27
섬강일기 -물새 떼··········28
섬강 피라미 떼··········29
섬강변 민들레꽃··········30

제2부 계절은 돌고 돌아

봄비에 젖어··········33
아리송한 나비의 춤··········34
봄만 되면··········35
반가운 꽃비··········36
꽃들의 봄 잔치··········37
목련꽃 1··········38
목련꽃 2··········39
봄바람··········40
개나리꽃··········41
봄바람, 꽃바람··········42
즐거운 봄소식··········43
민들레꽃··········44
봄꽃송이··········45
아카시아 꽃 자랑··········46
빨간 장미꽃··········47
여름 풍경 1··········48
여름 풍경 2··········50
웃고 사는 해바라기··········51
매미의 노래··········52
모진 가뭄··········53
여름은 벌레들의 계절··········54
매미의 자랑··········55
고추잠자리··········56
어느 가을날 일기··········57
코스모스는 내 친구··········58
탐스러운 감··········59
가을 하늘··········60

낙엽 지는 날……… 61
멋쟁이 들국화……… 62
우리 마을 감나무 ……… 63
햇볕에 놀란 눈꽃송이 ……… 64
겨울잠 자는 개미 떼……… 65
겨울밤……… 66
겨울달……… 67
눈 속에서 피는 꽃……… 68
바람은 겨울밤이 무서운가……… 69
겨울 억새밭……… 70
함박눈……… 71
겨울나무……… 72
겨울 골목 바람……… 73
매몰찬 겨울나무……… 74
고드름의 배짱……… 75

제3부 연못은 요술쟁이인가

바람도 시를 좋아해요……… 79
시와 음악의 계절……… 80
새싹 이슬……… 81
넓은 바다……… 82
호수의 해돋이……… 83
푸른 연못……… 84
귀여운 솔방울……… 85
잠도 없는 새벽달……… 86
강가의 어느 날……… 87

연못은 요술쟁이인가………88
조약돌………89
봄소식………90
해 질 무렵 강가………91
배꽃·정………92
아침 이슬………94
꽃잎에 내리는 눈………95
폭포………96
알 수 없는 나무 나이………97
꽃 세상………98
치악산 풍경화………99
겨울 산 풍경………100
산사의 아침………101
감나무 아래에서………102
안개구름………103
바다는 내 친구………104
들고 뛰는 강물………105
사랑스러운 눈꽃송이 ………106
반짝이는 반딧불………107
시골 풍경………108
눈 내린 아침 1………109
눈 내린 아침 2………110
눈 내린 아침 3………111
그림자는 내 벗이여!………112
봄 풍경………113
꽃은 내 친구야!………114
경포대 코스모스………115
꽃밭 풍경………116
이슬비 내리는 아침………117

바람은 심술쟁이……….118
흰 눈꽃송이……….119
소낙비 내리는 밤……….120
울부짖는 숲속 새야……….121

제4부 눈만 뜨면 좋은 날

기쁨이 최고야……….125
즐거운 삶……….126
만복이 넘치는 교실……….127
바람 친구……….128
꽃은 나의 벗이여!……….129
장난치는 보름달……….130
내가 웃으면……….131
할미꽃 사랑……….132
바람은 마술쟁이가……….134
길가에 핀 풀꽃……….135
꽃들의 말……….136
우산……….137
까치밥*……….138
꽃잎 피는 날……….139
들꽃, 웃음소리……….140
눈만 뜨면 좋은 날……….142
배, 배, 배……….143
맛 좋은 수박……….144
매미들의 합창단……….145
골목 바람……….146

숲속은 새들의 낙원⋯⋯⋯⋯147
고향 생각 1⋯⋯⋯⋯148
고향 생각 2⋯⋯⋯⋯149
허수아비의 웃음⋯⋯⋯⋯150
맨드라미⋯⋯⋯⋯151
밤과 낮⋯⋯⋯⋯152
참새 떼⋯⋯⋯⋯153
추석 보름달⋯⋯⋯⋯154
참새들의 합창⋯⋯⋯⋯155
동생의 웃음⋯⋯⋯⋯156
고향이 좋아⋯⋯⋯⋯157
함박눈이 내리는 날⋯⋯⋯⋯158
샘물은 좋은 친구⋯⋯⋯⋯159
새해 아침⋯⋯⋯⋯160
징검다리⋯⋯⋯⋯161

제5부 풍선 놀이

바람은 장난꾸러기⋯⋯⋯⋯165
숙제 많은 겨울나무⋯⋯⋯⋯166
시골 학교 풍경⋯⋯⋯⋯167
굿바이⋯⋯⋯⋯168
공은 골 낼 줄도 몰라⋯⋯⋯⋯169
풍선 놀이⋯⋯⋯⋯170
식곤증⋯⋯⋯⋯171
눈사람 만들기⋯⋯⋯⋯172
알밤 줍던 옛 추억⋯⋯⋯⋯173

옆집 꼬마둥이…………174
스케이트…………175
놀이터에서…………176
단짝 친구…………177
옹달샘…………178
재롱둥이 다람쥐…………179
단풍놀이…………180
내 그림자…………181
걸레는 내 친구…………182
다람쥐…………183
즐거운 시간…………184
소풍날…………185
해수욕…………186
산책 놀이…………187
즐거운 음악 시간…………188
눈사람…………189
추석 보름달…………190
행복한 교실…………191
일기 쓰기…………192
즐거운 봄나들이…………193
내 동생 좋은 선물…………194

제6부 개구리 합창

반딧불…………197
개구리 합창…………198
물오리 자맥질…………199

소나무··········200
채송화꽃··········201
산까치의 춤··········202
예쁜 백일홍··········203
느림보 두꺼비··········204
개미들의 이삿날··········205
개구리 울음소리··········206
조롱박··········207
옹고집 폭포··········208
비 맞으며 크는 곡식··········209
외로운 산비둘기··········210
억새꽃··········211
회오리바람··········212
박 덩굴··········213
샘바리 바람··········214
보름달은 복덩어리··········215
의지 굳센 소나무여!··········216
이슬방울 1··········217
이슬방울 2··········218
이슬방울 3··········219
탐스러운 감··········220
할미꽃··········221
푸른 소나무··········222
뻐꾸기 노래··········223
인동초 꽃사랑··········224
부엉이의 노래··········225
소나무 한 그루··········226
장난꾸러기 바람··········227
해바라기··········228

청개구리…………229
나무의 소원…………230
장미 꽃송이…………231
자벌레…………232

■ 아동문학에 관한 나의 견해__233
■ 지은이 소개__247

제1부 섬강일기

섬강일기
-섬강은 나의 벗이여!

먼 산만 바라보면
내 발목 끌어당겨

인정에 사무치어
강물에 뛰어들면

나 홀로
얼씨구절씨구
어깨춤을 추래요.

피라미 꼬리 춤에
물새들 날개춤에

저 멋에 나도 반해
엉덩춤이 절로 솟아

섬강은
나의 벗이여!
잊지 못할 벗이여!

섬강일기
-조약돌의 교훈

헤아릴 수 없는 세월
무진 고통 이겨내고

흐르는 물결 따라
갈고 닦은 공덕이여!

저 품성
만물의 길잡이로
묘한 빛깔 펼쳐대요.

물살에 할퀸 몸매
반들반들 윤기 솟아

볼수록 매력 있어
만인의 눈길 끌고

저 교훈
우리들의 앞날
아름답게 빛내래요.

섬강일기
-달팽이의 삶

집 한 채 짊어지고
밤낮없이 빙빙 돌며

정든 고향 그리워서
떠나지도 못하는가?

저 심정
그 뉘가 알까
수수께끼 풀 듯해요.

꼬리 치는 피라미 떼
활개 치는 물새들도

한동네 같이 살며
깜냥대로 날뛰건만

진정한
달팽이의 삶
깊은 뜻은 몰라요.

섬강일기
-모래성 쌓기

섬강변 모래밭에
우리끼리 모여 앉아

재미나는 이야기에
시간은 흘러흘러

해님은
쏜살같이 달려
서산마루 걸터앉고.

신나게 모래성만
아담하게 쌓은 보람

정성 들인 그 공덕이
웃음으로 가득 넘쳐

서로가
부둥켜안은 채
깊은 우정 나눴지요.

섬강일기
-어디든지 좋아요

고 작은 벌레들도
꿈틀꿈틀 마중 나와

개미들 불러 모아
까딱까딱 인사해요

우리도
너무 반가워
눈빛 인사하고요.

꽃망울 살짝 피운
돌 틈 사이 풀포기도

우릴 보고 여보란듯
반겨대고 웃어대요

언제나
어디에서나
아량 한껏 떨고요.

섬강일기
-간현 섬강 축제

성스런 섬강 축제
만복이 훨훨 넘쳐

해님도 너무 좋아
싱글벙글 웃어대고

온종일 영광스러운
빛이 솟는 행사여!

출렁다리 건널 때는
산새들도 마중 나와

오는 손님 반겨대어
어깨춤이 덩실덩실

원주의 자랑거리여!
잊지 못할 영광이여!

섬강일기
-물고기에 반해서

물고기 꼬리 춤에
나도 따라 덩실덩실

웃음이 절로 솟아
엉덩춤도 추어보고

섬강이
이리도 좋아
앞날 환히 열리는 듯.

떼거리로 모여들어
저들끼리 얼싸절싸

온종일 놀아나도
지칠 줄도 몰라 하나?

내 눈치
용케도 채고
물밀듯이 사라지네.

섬강일기
-즐거운 낚시질

한마을 동무들과
낚싯대 둘러메고

앞서거니 뒤서거니
성큼성큼 들고 뛰어

섬강가
바위 언덕에
좋은 자리 잡았지요.

낚싯대 던져 놓고
고기 오길 기다리다

파닥파닥 뛰는 고기
엉겁결에 낚아채어

고 귀한
고기 한 마리에
웃음보가 터졌어요.

섬강일기
-즐거운 물놀이

햇볕이 내리쬘 땐
꼼짝달싹 못하다가

땀방울 줄줄 흘러
온몸이 주눅들 땐

강물이 놀러 오라고
잠든 나를 깨워대요.

강바람 솔솔 불면
흥이 절절 솟아나고

물속에 몸 담그면
웃음보가 절로 터져

한여름 삼복더위엔
물놀이가 최고야.

섬강일기
-섬강에 발 담그면

맑은 물에 발 담그면
모래알도 얼싸절싸

내 발밑 간질이며
장난깨나 치나 봐요

나 또한
너무나 좋아
떠날 줄도 몰라 하고.

다슬기는 슬기롭게
엉금엉금 기어가다

내 눈치 알아채고
살그머니 멈추는 듯

듬직한
달팽이의 모습
점잔 한껏 떠네요.

섬강일기
-물잠자리

강가에 놀러 가면
별별 친구 다 있어요.

나비 떼 둥실둥실
춤사위에 놀아나고

잠자리
제멋에 취해
해지는 줄 몰라요.

강바람 살랑살랑
아양깨나 부려대면

억새풀 고개 들고
어서 오라 반겨주고

잠자리
떼거리로 몰려
같이 놀자 떼를 써요.

섬강일기
-물새 떼

언제봐도 한결같이
그날이 그날인 양

우리가 놀러 가면
둘도 없는 친구라고

물새들,
날개춤 추며
어쩔 줄을 몰라 해요.

푸른 물살 가르면서
힘찬 맥박 달구면서

강바람 끌어안고
물장난에 여념 없어

물소리,
멜로디에 실려
나도 몰래 덤벙대요.

섬강 피라미 떼

우리가 놀러 온 줄
귀신같이 알아채요

먼발치서 쳐다봐도
꼬리 춤만 저리 추고

눈치가
하도 빨라서
걷잡을 수 없어요.

섬강물 넓은 마당
자랑깨나 늘어놔요

같이 놀자 꾀어대도
들은 척도 아니하고

한바탕
저들끼리만
호들갑을 떨어요.

섬강변 민들레꽃

고 예쁜 민들레꽃
아기 손 내밀 듯이

예제서 손짓하며
어서 오라 반겨대요

터놓고
같이 놀자고
내 두 발목 잡아끌며

오는 정 가는 정에
엉겁결에 주저앉아

입술도 맞춰보고
싱글벙글 웃다 보면

어느새
짝짜꿍 되어
둘도 없는 친구 돼요.

제2부 계절은 돌고 돌아

봄비에 젖어

가뭄 끝
봄비 내려
온 세상이 밝아지고

하늘의 뜻이런가
믿음까지 벅차올라

우리네
어린 맘에도
웃음보가 터져요.

들판은
수를 놓듯
푸른 기색 콸콸 솟고

담 밑에 화단에도
꽃대들이 고개 들어

희망찬
앞날을 향해
봄노래를 불러대요.

아리송한 나비의 춤

나비는 꿈결에도
신이 펄펄 솟나 봐요.

언제나 어디서나
날개춤만 훨훨 추며

이 세상 한껏 즐겁다고
자랑깨나 떠는 듯

꽃밭을 만났다면
가시밭도 서슴잖고

꿀맛에 홀렸는지
공중묘기 부려대며

아리송 아리송하게
살랑살랑 춤만 춰요.

봄만 되면

새들이 먼저 알고
예제서 고함 소리

긴 잠 깬 벌레들은
어리둥절 헤매다가

어느새
눈 깜짝할 사이
재빠르게 몸 숨겨요.

양지쪽 나뭇가진
눈 뜨느라 분주하고

비단 꽃잎 앞세우며
몸매 자랑 늘어놓나

짹짹짹
산새 소리에
하루종일 웃어대요.

반가운 꽃비

먼 하늘 바라보면
살래살래 멋을 부려

새들도 너무 좋아
날갯춤을 추는 건가?

저 앞산
눈여겨볼수록
나도 슬슬 끌려가요.

들길을 걷다 보면
생기가 절로 솟아

초대장 들고나와
손목 잡고 반기는 듯

눈부신
꽃비가 되어
봄소식을 전해줘요.

꽃들의 봄 잔치

예제서 풀속 나라
꽃 잔치를 벌이는가?

날마다 날만 새면
시새우듯 웃어가며

남들이 하지 못하는 일
저들만이 놀아나요.

봄 내내 지지배배
종달새 흉내 내며

하도 많은 이야기를
보따리 채 풀어놔요

색깔별 웃음소리가
내 귓전을 두드리고.

목련꽃 1

함박눈 쌓인 듯이
흰 모자 둘러쓴 채

어서 오라 반기면서
꽃잎 편지 날려대요

마음씨
하도 착해서
나도 취해 버려요.

탐스런 꽃봉오리
볼수록 아름다워

친구도 홀딱 반해
놀다 가라 떼를 써요

숙제는
많고 많은데
어찌할 수 없어요.

목련꽃 2

봄맞이 길잡인가?
잎보다 먼저 피어

오가는 손님 보면
여보란듯 활짝 웃어

우리도
목련꽃같이
앞장서고 싶어요.

봄바람

봄바람은 요술쟁이
온갖 재주 부려대나!

벚꽃은 화려하게
목련꽃은 복슬복슬

온 들판
꽃 등불 켜놓고
내 맘대로 춤을 춰요.

개나리꽃

앞에도 개나리꽃
뒤쪽에도 개나리꽃

봄 햇살 가득 안고
생글생글 웃어대요

내 손목 끌어당기며
같이 놀자 떼만 써요.

길 따라 재잘재잘
손님맞이 재잘재잘

저마다 얼싸 좋다
내 발목을 붙잡아요

나 또한 단짝이 되어
사진 찍고 싶어요.

봄바람, 꽃바람

봄바람은 겨우내 에돌다* 에두르다*
따스한 햇살 만나 얼싸절싸 흥이 솟나?
신나는 하늘길 타고
온갖 생명 잠 깨우네.

꽃바람은 꽃이 좋아 홀딱 반해 버렸는가?
벌 나비 춤사위에 몸 둘 바를 몰라 하고
기어이 꽃향기에 취해
마구발방 노는 듯.

봄바람 꽃바람은 어찌 그리 한 통일까?
무한한 갈망의 꿈 솟구치는 태산 같아
한 봄내 똘똘 뭉치어
천생연분 굳게 맺네.

* 에돌다: 선뜻 나아가서 서두르지 않고 슬슬 피하여 그 근처에서 돌다.
* 에두르다: 바로 말하지 않고 둘러서 말을 하여 짐작하게 하다.

즐거운 봄소식

보슬비가 보슬보슬
봄노래를 불러댄다

꽃봉오린 너무 좋아
귀를 반짝 추켜들고

까르르
함박웃음에
벌 나비도 춤을 춘다.

점잔 떨던 자벌레도
꿈틀꿈틀 깨어나고

종달새는 한술 더 떠
날갯짓 손뼉 쳐요.

하늘땅
한통이 되어
겨울잠을 깨웁니다.

민들레꽃

길가도 그리 좋아
방긋 웃는 민들레꽃

날마다 만나봐도
그날이 그날인 양

더 멋진
화장을 하고
맵시 자랑 늘어놔요.

등굣길 들고 뛰다
유난히도 눈길 끌어

멈칫멈칫 망설이다
지각까지 할뻔했지

그 모습
그립고 그리워
자다가도 꿈을 꿔요.

봄꽃송이

꽃송이 눈을 떠요
방긋방긋 웃으면서

어찌나 귀여운지
덩그렁 앉아 버렸어요

새 봄날 햇살을 타고
같이 놀자 떼를 써요.

아카시아 꽃 자랑

벌 나비 모아 놓고
잔치마당 벌이는가

예제서 시끌벅적
꽃향기 품어 대며

햇살을 등에 업고서
꿀단지만 쏟아내요.

옆집의 소나무는
어안이 벙벙한 듯

송홧가루 날리면서
인심 한껏 퍼부어요

눈 하나 깜짝 안 하고
등 돌리고 마네요.

빨간 장미꽃

파랑 잎 깔고 앉아
힘줄 자랑 늘어놓고

나이 어린 아이같이
빨간 색깔 좋아하나?

꽃망울
터뜨릴수록
붉은 정열 치솟궈요.

여름 풍경 1

산과 들 악착스레
차돌같이 똘똘 뭉쳐

파랑 옷 걸쳐 입고
젊은 핏줄 과시하나

풋열매 주렁주렁 매달아
온갖 세상 주름잡네.

모진 땡볕 작달비쯤
운명인 양 달게 받아

벌 나비 날개춤에
얼싸 좋다 싱글벙글

이 한철 삼복더위에도
온갖 시름 털고 마네.

바람도 흥겨운 멋
이제서야 푸는 건가

나뭇가지 흔들면서
꽃술에 흠쭉 가눠

한여름 풍경에 취해
떠나갈 줄 모르네.

여름 풍경 2

산과 들 어딜 가나
파란색 옷 갈아입고

우리가 놀러 올 땐
꿈에라도 기다린 듯

찬 그늘 만들어 놓고
얼싸 좋다 반겨대요.

웃고 사는 해바라기

날마다
긴 목 빼고
겸연쩍어 웃어대고

노랑머리
자랑하며
벙글벙글 웃고 산다

온종일
해 보고 웃다
예쁜 얼굴 다 타겠네.

매미의 노래

천국 같은 숲속에서
울어대는 멜로디여!

리듬 박자 척척 맞춰
나도 홀딱 반했어요

새들은
날개춤 추며
떠날 줄은 몰라 하고.

모진 가뭄

모질고도 모진 가뭄
화덕 속을 헤매는 듯

사방이 허덕거려
풀벌레도 한숨 쉬고

논바닥 입 확 벌리고
물 한 모금 달래요.

텃밭에 옥수수는
피가 말라 기가 죽고

꽃잎도 축 늘어져
얼굴색이 창백해요

하늘만 쳐다보면서
비 올 날만 비나 봐요.

여름은 벌레들의 계절

낮에는 벌떼 소리
밤에는 벌레 소리

헤어진 동무 만나
사이좋게 노나 봐요

어쩌면 그리 정다운가?
잠잘 날이 없어요.

벌떼는 윙윙윙윙
벌레는 찌르르르

저마다 목청 키워
시 한 수 읊나 봐요

여름은 벌레들의 계절
나뭇잎도 팔랑대요.

매미의 자랑

장기자랑 늘어놓는
매미들의 묘한 음성

서로를 시새우며
예서제서 날고뛰며

맴 맴 맴,
리듬 가락에
잠자리도 춤을 춰요.

내 동생 너무 더워
땀을 뻘뻘 흘려대도

아는지 모르는지
강산만 바라보고

맴 맴 맴,
신풀이하며
끝도 없이 불러대요.

고추잠자리

훨훨훨
날갯춤에
파란 하늘 독차지해

고 작은 몸매라도
머리는 좋나 봐요

그 뉘도
따라잡지 못해
저 혼쭐에 놀라요.

빙빙빙
돌고 돌아
공중묘기 부려대며

타고난 천성대로
점잔만 피우는 듯

귀여운
고추잠자리
언제 봐도 신통해요.

어느 가을날 일기

앞 냇가 쇠똥구린
물구나무 일등선수

뻘뻘뻘
땀 흘리며
지구 하나 굴려 간다

들국화
웃어대면서
일기 한 장 쓰고 있다.

코스모스는 내 친구

바람이 지나가도
즐겁다고 배꼽 빼고

우리들 지나가면
눈웃음 손짓하고

길가의
코스모스는
둘도 없는 내 친구다.

몸매도 간들간들
방글방글 웃는 꽃잎

날마다 만나봐도
변치 않는 저 마음씨

새 떼가
짹짹거리면
가냘픈 몸 흔들어요.

탐스러운 감

만져보면 말랑말랑
먹어보면 달콤달콤

어찌 그리 신통한지
정이 흠뻑 쏟아지고

손안에
움켜쥐고서
어깨춤을 추어요.

가을 하늘

떼구루루 미끄러질 듯
유리알 닮았구나

조각구름 뛰어놀다
넘어질까 염려된다

앞마당
고추잠자린
너무 좋아 덩실 날고

낙엽 지는 날

샛노란
은행잎은
나비춤을 저리 추나?

갈바람
등에 업혀
신이 절로 솟는 건가?

철부지
길바닥에서
마구 굴 듯 뒹굴어요.

멋쟁이 들국화

갈바람 타고 노나
맵시 자랑 떨어가며

추켜든 고운 몸매
우리까지 불러놓고

들국화 느끼는 대로
시조 한 편 읊으래요.

얌전한 송이마다
품어대는 꽃향기에

나비 떼 모여들어
얼싸 좋다 춤을 추면

저 모습 바라만 보아도
시 한 수가 떠올라요.

우리 마을 감나무

얼굴 붉힌 저 감나무
온종일 웃어대며

맛 자랑 맵시 자랑
속살까지 내보여요

까치는
앉을 듯 말 듯
내 눈치만 살피는데.

물 좋고 공기 좋고
인심 좋은 우리 마을

알알이 정을 품고
주렁주렁 매달리어

오늘도
동구 밖에서
오는 손님 반깁니다.

햇볕에 놀란 눈꽃송이

나무 끝에
매달리어
밤새껏 용꿈 꾸다

날 새자
허둥지둥
어리벙벙 헤매는가?

기어이
햇볕에 놀라
눈물 뚝뚝 흘리네.

겨울잠 자는 개미 떼

깊숙한 땅굴 속에
왕궁 같은 집을 짓고

눈보라 세찬 바람
슬기롭게 피하면서

겨우내
깊은 잠에 빠져
좋은 꿈만 꾸나 봐요.

겨울밤

바깥에는 윙윙 소리
창문틀을 두드리고

방에서는 TV 소리
즐겁다고 껄껄대요

안과 밖 한 뼘 안 돼도
천 리 같은 기분이야.

겨울달

달빛도 차가운가
보는 이 하나 없어

외롭게 저리 가다
길 잃을까 염려돼요

그래도
별들이 있어
외롭지는 않답니다.

눈 속에서 피는 꽃

눈발이 휘날리고
칼바람이 몰아쳐도

아랑곳 아니하고
방글방글 입 벌려요

꽃송이
꽃샘추위쯤
눈을 깜짝 아니해요.

긴 잠 깬 앞 개울도
즐겁다고 노래하고

짹짹짹 산새들이
박자 맞춰 춤을 추면

꽃송이
예쁜 꽃송이
너무 좋아 웃어대요.

바람은 겨울밤이 무서운가

추우면 추울수록
덜덜 떠는 저 칼바람

버들가지 뒤흔들다
앞마당에 눌러앉아

밤마다 아우성치며
나갈 줄을 모른다.

몽니를 부리는가
어거지를 쓰는 건가

창문 틈새 용케 알고
안방까지 파고들어

잠자리 같이하자고
염치없이 떼를 쓰네.

겨울 억새밭

한 핏줄 동아리로
차돌같이 똘똘 뭉쳐

흰 가발 둘러쓰고
칼바람과 놀아나나?

온종일
기분이 만점
멈출 줄도 몰라 하며.

저마다 품은 재주
재롱깨나 부려대나?

햇살도 얇고 얇아
소름 속속 돋아나도

신명 난
참 멋에 겨워
흥이 절로 솟나 봐요.

함박눈

맘씨 고운 함박눈도
나를 슬슬 놀려대나?

얼음판 깔고 앉아
딴전만 부리다가

어쩌다
엉덩방아 찌면
능청스레 웃어대요.

가파른 언덕길도
감쪽같이 덮쳐놓고

모두 다 똘똘 뭉쳐
내 눈치만 살피는 듯

얼결에
곤두박질치면
모르는 척 눈 돌려요.

겨울나무

쌩쌩쌩
칼바람이
오달지게 후려쳐도

청푸른 소나무는
여봐란듯 힘줄 달궈

먼 산만 바라보면서
백 년 앞길 가늠 봐요.

눈발이 몰아쳐도
눈도 깜짝 아니하고

흰 모자 둘러쓴 듯
자랑 한껏 떠는 건가!

우리가 다가갈수록
웃음보만 터뜨려요.

겨울 골목 바람

등굣길 샘을 내며
장난질을 치나 봐요

벌벌벌 떠는 줄도
용케도 알아채고

옷 속을
파고들면서
별별 수단 다 부려요.

친구들과 오순도순
맞손 잡고 걸어갈 때

빙판길 미끄러져
엉덩방아 찧노라면

하 하 하
웃어대면서
놀리는 것 같아요.

매몰찬 겨울나무

칼바람 몰아쳐도
양 가슴 활짝 펴고

알몸뚱이 힘줄 달궈
자랑깨나 떠나 봐요

이까짓 추위쯤이야
식은 죽 먹기라고.

남들은 웅크리며
오들오들 떨어대도

속으론 비웃는 듯
겉으론 놀리는 듯

먼 산만 바라보면서
교만 한껏 부려대요.

고드름의 배짱

해맑은 애송이가
배짱도 대단하다

아슬아슬 처마 끝에
대롱대롱 매달린 채

앙칼진
저 배짱 좀 봐
물구나무서고 있네.

제3부 연못은 요술쟁이인가

바람도 시를 좋아해요

들바람은 들이 좋아
산바람은 산이 좋아

멀리 뛰기 높이 뛰기
서로서로 자랑 떨다

끝내는
글감을 찾아
강물 따라 모여요.

잎이 피면 잎에 앉아
꽃이 피면 꽃에 앉아

밤낮없이 살랑대며
이리저리 나뒹굴다

끝내는
시 한 수 읊고
잠자리에 들어요.

시와 음악의 계절

머루 다래 덩굴마다
글귀마냥 줄줄 꿰고

알밤톨 삼 형제는
삼행시를 술술 뽑아

산수유 빨간 열매도
낭송대회 지새운다.

단풍잎은 붉은 정열
노을 물에 풀어대고

귀뚜리는 작사 작곡
월광곡을 흉내 낸다.

하늘땅 화합의 잔치
예술제를 벌이네.

새싹 이슬

밤새워 달님 별님
미끄럼 탄 자리인가

어딜 봐도 반들반들
윤기가 절로 솟아

햇살은
앉을 듯 말 듯
망설이다 지나가요.

나비의 속삭임이
핏줄 속에 스미는가

생글뱅글 웃어가며
춤사위에 푹 빠진 듯

은구슬
새 열차 타고
데굴데굴 굴러가요.

넓은 바다

온 바다 한 몸 한뜻
대담하게 뭉치었나?

구름도 지나가다
엉거주춤 멈추는 듯

끝없는
수평선 따라
나도 함께 뛰고 싶네.

파도는 오달지게
온 세상 탐을 내나?

태산도 넘을 듯이
억척같은 힘줄 돋워

나 또한 넓은 저 바다
시원스레 안고 싶네.

호수의 해돋이

달빛 별빛 끌어안고
밤새도록 쿨쿨 자다

날 새면 수선 떨며
이불 몽땅 걷어차고

햇살에
몸을 씻으며
오는 손님 맞이해요.

바람도 깨워놓고
나뭇잎도 깨워놓고

물새까지 불러들여
숨바꼭질 장난치다

한종일
할 일이 많아
덤벙대다 말아요.

푸른 연못

하늘빛 내려받아
온몸에 새기었나

빗방울 내리치면
은방울로 톡톡 튀고

서로가
한마음 한뜻
거침없이 뭉쳐요.

물고기가 흥이 솟아
꼬리 춤에 덜렁대면

야릇한 풍선들이
살래살래 춤을 추듯

언제나
푸른 연못은
행복 꿈에 실려요.

귀여운 솔방울

새파란 저 솔방울
볼수록 예쁘구나

귀여운
내 동생의
주먹손 닮았어요

내 키가
좀 더 컸으면
끌어안고 싶은데.

참새가 샘을 놓나
솔가지에 날름 앉아

솔솔솔
뽀뽀하며
내 눈치만 살피는 듯

짹 짹 짹,
입방아 찧고
살금살금 약 올려요.

잠도 없는 새벽달

어젯밤 앞마당 가
감나무에 날름 앉아

푸른 감 세어가며
공부해라 졸랐는데

나 그만
꾸벅 잠들어
꿈만 꾸고 말았어요.

징검다리 달렸는가
별똥 밟고 건너뛰듯

내가 잔 줄 알면서도
모르는 척 시침 떼며

밤송이
살짝 피해서
구름 속에 몸 숨겨요.

강가의 어느 날

피라미 떼 꼬리치며
내 자랑만 늘어놓고

다슬기 점잔 떨며
어른 행세 바쁜 나날

샛바람
샘을 놓는 듯
버들가지 흔들어요.

개망초 쑥부쟁이
키재기 내길 하나

어제보다 더 컸다고
으쓱으쓱 가슴 펴고

강바람
불러다 놓고
바른 심판 봐달래요.

연못은 요술쟁이인가

앞산도 끌어다가
물구나무 세워놓고

멀쩡한 버들가지
거꾸로 춤을 추켜

지나는
우리들보고
구경 실컷 하래요.

한참을 들여다보다
나도 같이 끌려 들어가

물결에 흔들리고
실바람이 몸에 감겨

허우적
허우적대다
주저앉고 말았어요.

조약돌

온몸이 반들반들
살결이 곱고 곱다

날마다 목욕하며
화장깨나 했나 보다

만지면
만져볼수록
정이 속속 스며들고.

쏟아지는 햇빛 달빛
고이고이 받아 챙겨

천년을
하루같이
즐겁게만 살았는가

우리 반
친구가 되어
공부 같이 하고 싶다.

봄소식

얼음장
지축 흔들다
살그머니 도망친 자리

버들개지
악보 따라
봄노래 불러대고

개구리
두 눈망울로
편지 한 장 쓰고 있다.

해 질 무렵 강가

청둥오리
헤엄치면
강물은 간지러워

살랑살랑
찰랑대며
해님만 쳐다봐요

한종일
같이 놀다가
노을 물에 화장하며.

배꽃 · 정

거짓 없는 하얀 배꽃
하늘빛도 환하구나

눈부신 대낮에도
신이 절로 속속 돋아

먼 하늘 끌어당기며
벙글벙글 웃고 있다.

벌 나비 하도 좋아
먼발치서 홀딱 반해

꽃바람 훌훌 타고
춤사위 활짝 펴네.

저 멋에 은은한 떨림
밝은 희망 샘이 솟아

꽃잎마다 뿜는 향기
천 리 밖을 점치는가?

산새도 지나가다
멈칫멈칫 멈추는 듯

날마다 보면 볼수록
정이 흠뻑 뱁니다.

아침 이슬

밤새도록 풀잎에서
옹알종알 재롱떨다

아침 햇살 놀려대자
정신이 번쩍 든 듯

해맑은
눈동자 굴리며
슬금슬금 몸 사려요.

실바람 몸에 감고
냇물 소리 들어가며

쿵더쿵 장단 맞춰
데굴데굴 장난치다

텃새들
기침 소리에
눈동자만 굴려대요.

꽃잎에 내리는 눈

꿈에도 고향 생각
깊은 잠도 못 이루어

머나먼 길 떠나가다
정든 땅이 그리웠나?

지독한
꽃샘추위쯤
마다하지 아니해요.

꽃잎에 날름 앉아
봄노래 뽐내다가

어리어리 어리벙벙
한숨도 쉴 새 없이

귀한 몸
불살라 버려
아쉬움만 남겨놔요.

폭포

저 높은
언덕 벽을
단숨에 내리뛰어

웅덩이에
처박혀도
덤벙대며 웃어대요

온몸이
두 동강 난들
무섭지도 않나 봐요.

알 수 없는 나무 나이

네 나이 얼마냐고
소곤소곤 물어봐도

눈도 깜짝 아니하며
입도 방긋 아니해요

고개만 갸우뚱대다
허탕 치고 말았어요.

어느 날 선생님께
여쭈어 보았지요

나무는 제 나이를
나이테에 숨겨놓고

제 목숨 다할 때까지
야무지게 지킨대요.

꽃 세상

햇살이 내리쬐면
꽃들은 춤을 춰요

저마다 웃어대며
작은 악기 흉내 내고

한종일
신바람 난 듯
해지는 줄 몰라 해요.

나팔꽃 나팔 불면
해바라기 큰 북 치고

봉숭아 장단 맞춰
꽃노래 불러대요

맑은 날
꽃 세상 되어
벌 나비도 춤만 춰요

치악산 풍경화

산 산 산,
치악산은
화선지를 펼쳐놓고

계절마다 색깔 골라
풍경화만 그리나 봐

점 점 점,
점만 찍으면
멋진 그림 그려져요.

기슭엔
연지곤지
솜씨 자랑 늘어놓고

하늘엔 하늘색만
일년내내 덧칠만 해

저 솜씨
누구도 못 말려
해와 달도 좋아해요.

겨울 산 풍경

벌거벗은 나무들은
추위도 몰라 해요

칼바람 몰아쳐도
눈도 깜짝 아니하고

희망찬 앞날을 향해
힘찬 핏줄 달구는 듯.

온 산엔 뭇 생명이
곤한 잠을 자고 있나

온갖 씨앗 벌레들은
타고난 팔자대로

저마다 봄 꿈에 실려
맥박 톡톡 튕기는 듯.

산사의 아침

법당에선 목탁 소리
처마 끝엔 풍경소리

어우르는 화음 박자
아침마당 활짝 열어

솔바람
부채질하며
공양 준비 한창이다.

산까치 비둘기도
산사가 너무 좋아

다람쥐 깨워놓고
아침 공부 재촉하고

해님도
너무나 벅차
싱글벙글 웃어댄다.

감나무 아래에서

갈바람 몸에 감겨
재롱깨나 피워대요.

해님도 재빠르게
내 가슴에 안기는데

복스런 붉은 감덩이
주렁주렁 웃고 있네

산모롱이 단풍나무
몸 둘 바 몰라 해요.

여름내 땀 흘려도
둥근 열매 못 맺은 죄

지긋이 옷깃 여미며
얼굴만 붉히네요

안개구름

온산을 끌어안고
동양화를 그리는가

산모롱이 돌고 돌아
있는 재주 다 부리며

저 큰 붓
다 풀어놓고
웃음바다 털어놔요.

꿩 꿩 꿩,
꿩의 소리
화폭 속에 가둬놓고

눈 비비는 고목나무
어루만져 다독이다

새 아침
단잠 깨워놓고
아침 해를 낚아채요.

바다는 내 친구

모랫바닥 밟자마자
어서 오라 손짓하며

옷자락 잡아채며
마구마구 끌어대요

꿈에도 잊지 못해서
깊은 잠을 못 잤는데.

물결에 덤벼들면
철렁철렁 춤을 춰요

내 몸통 끌어안고
몸 둘 바를 몰라 하며

날마다 찾아오라고
나를 그리 좋아해요.

뜰고 뛰는 강물

졸졸졸 장단치며,
신난 노래 불러가며

너나없이 똘똘 뭉쳐
자꾸만 뜰고 뛰어요

손으로
낚아채려 해도
어느결에 도망쳐요.

벌레 소리 매미 소리
귀담아듣나 봐요

여울목 지날 때면
리듬 가락 흉내 내며

얼씨구
신명이 나는지
고운 목청 더 높여요.

사랑스러운 눈꽃송이

나뭇가지 무동 타고
추울수록 좋아하나

묘한 재주 부려대는
사랑스런 눈꽃송이

눈여겨
쳐다볼수록
정이 푹푹 들어요.

3

반짝이는 반딧불

해만 지면 좋다 하고
예서 제서 뛰쳐나와

숲속을 아롱지게
반짝반짝 수를 놓아

어둔 밤
초롱불 같아
세상 눈길 끌어요.

뛰어난 천재인가?
숨김도 하나 없어

왕자가 따로 있나?
이를 두고 한 말이지

반딧불
반짝이는 밤엔
새론 꿈에 실려요.

시골 풍경

집집마다 굴뚝에선
연기가
모락모락

앞산 뒷산 산모롱엔
아침 안개
모락모락

동구 밖 알밤나무가
모락모락
마셔대요.

눈 내린 아침 1

가지마다 눈꽃송이
복스럽게 피었어요

고요한 밤하늘에
별빛 모아 걸어 놓은 듯

볼수록
하얀 맵시가
우리 맘을 맑게 해요.

눈 내린 아침 2

밤새에 앞마당은
하얀 종이 깔아놓고

참새떼 불러들여
아침 공부 시새우나

두 발로 글씨를 쓰며
입으로는 읽어대요.

눈 내린 아침 3

눈 내린 새 아침엔
온 세상이 하나예요

천지사방 어딜 보나
한맘으로 똘똘 뭉쳐

커가는 우리들 보고
헛된 생각 버리래요.

깍깍깍 산까치도
하도 좋아 춤을 추고

집집마다 눈지붕은
대궐같이 변했어요

이웃과 서로 만나면
웃음꽃이 돋아나요.

그림자는 내 벗이여!

신통하게 따라붙는
신동이로 태어났나?

내가 뛰면 같이 뛰고
내가 서면 같이 서고

언제나 내 흉내만 내는
뗄 수 없는 친구여!

달리기도 엉덩춤도
신나게 뛰어놀다

그늘에선 꼭꼭 숨고,
햇살 앞엔 활개 치고

멋지게
숨바꼭질하는
둘도 없는 벗이여!

봄 풍경

잠자던 새싹들이
예서 제서 단잠 깼나?

꽃눈을 살짝 뜬 채
별난 세상 만났다며

우리들 발목 붙잡고
놓아주질 않아요.

꽃은 내 친구야!

꽃송이 앞에 서면
내가 온 줄 용케 알고

싱글벙글 웃어줘요
모락모락 향내 풍겨

학교길 바쁘다 해도
아양 한껏 떨어대요.

눈독 들여 쳐다보면
온갖 정 몽땅 쏟아

생글생글 눈짓으로
친구 하자 떼를 쓰고

저 힘찬 붓끝까지 놀려
멋진 그림 그려대요.

경포대 코스모스

키 자랑 늘어놓고
고개 마냥 추켜들고

사방팔방 오는 손님
아양 떨며 맞이해요

때때옷
자랑 떨면서
살랑살랑 웃어대요.

온 벌판 휘어잡고
핏줄 자랑 늘어놓아

모두가 형제처럼
약속이나 한 듯이

품은 정 몽땅 털면서
맞손 잡고 놀자 해요.

꽃밭 풍경

노랑나비 호랑나비
꽃잎 속에 숨어들어

색깔 자랑 펼쳐대며
숨바꼭질하는 건가

실바람 저리 시샘 놔도
본체만체 시침 떼네.

채송화는 생글생글
봉선화는 벙글벙글

웃음소리 안 들려도
정다움이 철철 넘쳐

한종일 꽃밭 풍경에
온 집안이 환해요.

이슬비 내리는 아침

오솔길 마다않고
솔솔솔 내리는 비

다람쥐 눈치채고,
산토끼가 놀랠까 봐

몸조심
달래가면서
살금살금 걸어요.

참새는 얼싸 좋다
마른 목 축여대고

해님은 수줍은지
입도 방긋 못하네요

사는 맛
서로 달라도
깜냥대로 산답니다.

바람은 심술쟁이

흙먼지 뿌려가며
가는 길도 가로막고

나뭇잎 뒤흔들며
꽃잎도 떨궈 놓고

바람은 심술쟁이다
겉으로는 안 그런 척.

소낙비 몰고 와서
흙탕물 일궈놓고

윙윙윙 소리치며
능청만 부려대요

바람은 심술쟁이다
낯도 하나 안 붉혀요.

흰 눈꽃송이

아무리 춥다 해도
흰 눈이 내린 날은

솜털은 입은 듯이
웃음보가 절로 터져

등굣길
들고 뛰어도
기분만은 만점이야.

나무도 흰 눈 쓴 채
먼 산 보며 으쓱대나

잡념쯤 몽땅 풀고
새론 큰 뜻 펼치는 듯

볼수록
하얀 꽃송이
복스럽기 한없어요.

소낙비 내리는 밤

심술을 부리는가?
곤히 자는 이 한밤중

깊은 잠 깨워놓고
같이 놀자 떼를 쓰나?

저 참뜻 알쏭달쏭해
참을 수가 없어요.

짓궂은 심술통에
내 동생도 깨었어요

현관 등 환히 켜고
창문 열고 내다보면

어느새 도망쳤는지
쥐도 새도 몰라 해요.

울부짖는 숲속 새야

숲속에서 우는 새야
왜 그리 슬피 우니?

네 울음 듣고 보니
내 가슴이 철렁거려

우리들
어린 맘에도
애처롭기 한없구나.

제4부 눈만 뜨면 좋은 날

기쁨이 최고야

날마다 우리들이
정답게 만나니까

해님이 웃어대고
나비들도 춤추잖니?

동무야
공부도 하면서
좋은 일만 하자꾸나.

이 세상 모든 일이
내 뜻대로 되랴마는

어려움이 닥칠수록
슬기롭게 물리치고

친구야
기쁨이 최고야
웃으면서 살자꾸나.

즐거운 삶

물고기가 물속에서
꼬리 춤에 놀아나고

산새는 산이 좋아
신바람에 짹짹이듯

저마다
타고난 대로
사는 맛이 다르대요.

벌 나비가 꽃을 보면
날개춤을 추어대듯

꽃송인 너무 좋아
웃음보만 터뜨리어

서로가
사랑이 넘치면
사는 맛을 느낀대요.

만복이 넘치는 교실

어느새 날만 새면
책가방 둘러메고

하늘만 쳐다보며
막 달려간 정든 교실

모두 다
만나는 대로
아침 인사 즐겁대요.

책갈피 펼쳐 들고
의문점을 푸노라면

너와 나 할 것 없이
한맘으로 똘똘 뭉쳐

만복이
넘치는 교실
앞길 환히 열려요.

바람 친구

갈대도 들국화도
앞만 보고 웃어댄다

무엇이 그리 좋아
소리 없이 웃어대나

아마도
바람 친구와
오순도순 지내나 봐.

바람은 어딜 가나
화도 낼 줄 몰라 해요

사랑만 베풀면서
차별일랑 아예 없어

내 볼도
살짝 만져줘
언제든지 좋아요.

꽃은 나의 벗이여!

꽃송이 앞에 서면
웃음이 솔솔 솟고

오는 정 가는 정이
찰떡같이 똘똘 뭉쳐

꿈속에 사무치도록
맥박까지 퉁겨대요.

탐스러운 꽃이 피면
내 마음도 활짝 열려

웅크린 가슴통이
바다처럼 넓혀지고

떼려야 뗄 수도 없는
둘도 없는 벗이여!

장난치는 보름달

조각구름 타고 놀다
나무 끝에 걸렸구나

아 아 아
아슬아슬
떨어질 듯
떨어질 듯

아 저걸
어떻게 하나
맘 졸인다 맘 졸여.

저 넓고 넓은 마당
텅텅텅 비워두고

이 좁은 산기슭에
겁도 없이 덤벼드나

보름달
덩치만 컸지
우리들과 똑같아요.

내가 웃으면

내가 먼저 웃어대면
모두 따라 웃어대요

나무도 웃어대고,
강아지도 웃어대요

해님도 내려다보고
방실방실 웃어대요.

할미꽃 사랑

등굣길 길섶에서
밤새워 기다린 듯

고개를 수그린 채
방글방글 웃으면서

우리가 손주 같다고
귀엽게만 대해줘요.

고개 돌아 떼를 써도
들은 척 아니하고

해님과 실바람이
할미꽃 뱅뱅 돌며

우리가 너무 좋아서
어쩔 줄을 몰라 해요.

할미꽃 저 할미꽃
언제 봐도 웃어대요

나이 자랑 늘어놓고
어른 행세 하련마는

우리가 너무 좋다고
어쩔 줄을 몰라 해요.

바람은 마술쟁이가

나팔꽃은
입을 막아
한낮엔 굶겨 놓고

박꽃은
밤낮없이
맘대로 먹게 해요

남다른
마술을 부려
세상 사람 웃겨대요.

길가에 핀 풀꽃

온종일 짓밟히고
먼지 마냥 마셔대도

내색도 하나 없이
내 눈길만 잡아끌어

들길에
나서기만 하면
둘도 없는 친구예요.

햇살도 반겨주고,
바람도 살랑거려

이리 보고 저리 봐도
귀엽기가 한이 없어

마음씨
너무나 착해
꿈결에도 못 잊어요.

꽃들의 말

예쁘고
예쁜 꽃말
들릴 듯 말 듯 해요

봄바람
살랑살랑
잎새마다 고이 감고

살며시
웃어 대면서
같이 놀자 떼를 써요.

우산

언제나 비 올 날만
손꼽아 기다렸나?

빗소리 들려오면
꿈속에서 깨어난 듯

등굣길 발걸음 따라
신바람이 솟나 봐요.

소낙비 쏟아지면
그렇게도 좋아할까?

양 가슴 활짝 펴고
내 할 일만 다 한다고

물방울 내리칠수록
힘줄마냥 뻗쳐대요.

까치밥*

아리따운 예쁜 살결
내 동생 꼭 빼닮아

꿈결에도 아른거려
품에 안고 싶었지만

귀여운
새들의 먹이라니
웃음보가 터져요.

* 까치밥: 예부터 감을 딸 때 날짐승 먹이로 몇 개씩 남겨놓은 감을 말함.

꽃잎 피는 날

해가 뜰 땐 눈만 방긋
해가 질 땐 입도 방긋

꽃송인
해님 따라
온종일 웃어대며

우리가
공부하는 사이
활짝 피고 말았어요.

들꽃, 웃음소리

만나면 만날수록
방글대는 웃음소리

귀 열면 들릴락 말락
바람결에 입만 방긋

몸맵시 살랑거리며
살갗 자랑 늘어놓네.

까치들 숲속에서
애성이야 타든 말든

피라미 꼬리 춤에
물장구를 치든 말든

타고난 축복이라고
부활 꿈만 꾸는 듯.

곧은 절개 곧추세워
가시밭길 걸어온 보람

넓은 세상 빛살 달궈
차별이랑 전혀 없어

자비로 쌓고 쌓은 공덕
꽃망울도 털고 마네.

눈만 뜨면 좋은 날

참새가 짹짹대면
비둘기도 눈을 뜨고

이슬이 맺힌 날은
해님도 방긋 웃어

온종일
하는 일마다
값진 옥탑 쌓고요.

실바람 불어오면
잔 구름은 도망치고

청청한 저 하늘엔
밝은 빛살 휘몰아쳐

사방이
확확 트이어
좋은 날이 된대요.

배, 배, 배

'배'자 세 번 쓰고 보니
모양 발음 똑같지만

저 뜻을 새겨보면
모두가 다른 것을

이 세상
모든 이치가
생각하기 나름이네.

통통 배로 실어 나른
맛난 배를 먹고 나면

배 속에선 너무 좋아
만사형통 이룬다네

배, 배, 배,
이름 석 자가
날 가는 줄 모른다네.

맛 좋은 수박

동생들과 옹기종기
수박을 먹을 때면

무더위도 물러나고
시원하기 그지없어

맛 좋은 수박 속에서
웃음꽃이 활짝 퍼요.

매미들의 합창단

뒷동산 숲속에서
매미들의 화음 소리

삼복이 좋다 하고
야외무대 차렸는가?

귓바퀴
흔들어대어
나도 몰래 벙글거려.

바람이 지나가다
머뭇머뭇 빙빙 돌면

나뭇잎은 흥이 솟아
간들간들 춤추는 듯

맴 맴 맴
저 메아리에
웃음보가 터져요.

골목 바람

시원한 골목 바람
내 몸뚱이 훌훌 감아

등굣길 하굣길에
둘도 없는 친구 되고

한종일 온몸이 뛸 듯
머릿속도 가벼워요.

교실에선 친구끼리
오손도손 정을 나눠

기분도 너무 좋아
공부도 더 잘돼요

고마운 저 바람결에
박자 맞춰 덩실대며.

숲속은 새들의 낙원

참새는 짹짹짹짹
까치는 깍깍깍깍

저마다 목청 높여
멜로디로 시새우며

모두 다
제멋에 겨워
날 가는 줄 몰라 해요.

나뭇가지 타고 앉아
시끌벅적 야단법석

바람결 솟구치면
날개춤이 절로절로

숲속은
새들의 낙원
어느 뉘도 못 말려요.

고향 생각 1

내가 살던 내 고향은
꽃동산을 이룬 마을

언제나 자나 깨나
웃음꽃이 만발하고

아 아 아
그리 좋은 곳
복이 철철 넘칩니다.

하늘이 내려주신
아름답던 마을이여!

깊은 정 되살아 나
어깨가 으쓱으쓱

와 와 와
지금 와서도
행복 꿈이 솟습니다.

고향 생각 2

산이나 들판이나
꽃밭으로 울긋불긋

친구들과 틈만 나면
정을 풀며 놀던 그곳

어 어 어
눈에 어리어
엉덩춤을 춥니다.

오얏꽃 복숭아꽃
살구꽃에 진달래꽃

색깔도 모양새도
멋쟁이로 활짝 피어

우 우 우
어디를 가나
그만 끌려갑니다.

허수아비의 웃음

논둑에 홀로 서서
먼 산만 바라보며

참새가 놀려대도
히죽히죽 웃어대고

바람이 뺨을 후려쳐도
골도 낼 줄 몰라요.

맨드라미

내 동생 흉내 내나
빨간 모자 둘러쓰고

강아지 꼬리 치면
같이 놀자 떼쓰는 듯

온 가족 사랑받으며
하루종일 웃어대요.

밤과 낮

지구는 밤에 자고
낮에만 눈뜨는데

가로등은 낮잠 자고
해넘이에 눈을 뜬다

꽃송인
밤낮도 없이
아무 때나 방글대고.

참새 떼

길가나 숲속이나
어디든지 좋다 하나?

군말도 하나 없이
눈동자만 굴려대고

한바탕
떼거리로 몰려
먹자판만 벌이나 봐.

얼마나 굶었으면
저토록 쪼아대나?

온종일 연신 먹다
배탈 날까 걱정이 돼

멍하니
눈여겨보다
주저앉고 말았어요.

추석 보름달

보름 전엔 젖먹이로
가냘프게 작던 얼굴

날마다 운동하며
살이 통통 찌었구나

오늘은
추석 떡 먹고
얼굴 자랑 늘어놔요.

달리기 선수인 양
별들도 따돌리고

태산도 단걸음에
날개 치듯 뛰어넘어

볼덩이
한껏 뽐내며
싱글벙글 웃어대요.

참새들의 합창

날 새자 재빠르게
동아리로 똘똘 뭉쳐

아름다운 멜로디로
첫인사 노래인가

내 동생
창문을 열고
너무 기뻐 손뼉 쳐요.

뜰 아래 멍멍이도
입 벌린 나팔꽃도

잠에서 깨자마자
너무 좋아 싱글벙글

새 아침
참새들의 합창
온 집안이 즐거워요.

동생의 웃음

어느 때나 쳐다봐도
웃음 짓는 동생이여!

저 멋에 나도 취해
싱글벙글 웃어대면

엄마도 너무 좋으셔
복덩어리 같대요.

자는 모습 살펴봐도
귀여움이 넘쳐나고

환한 빛이 흘러흘러
아빠도 좋아하셔

내 동생 귀여운 웃음에
온 집안이 행복해요.

고향이 좋아

내 고향 산줄기는
힘찬 맥박 퉁겨대고

강물은 굽이 흘러
핏줄까지 맑게 해요

우리들
자라는 모습
그렇게도 좋아해.

함박눈이 내리는 날

꽃잎같이
휘날릴 때
나도 몰래 덩실대면

복스런
강아지도
살래살래 꼬리치나?

함박눈
내리는 날은
웃음보가 터집니다.

샘물은 좋은 친구

아이들이 올망졸망
온갖 장난 마구 치며

멋대로 먹어대도
골 낼 줄도 모르나 봐

하루에 백번을 가도
반겨대며 웃어대요.

자나 깨나 때도 없이
먹은 맘 변치 않고

그날이 그날인 양
하하 허허 웃어대며

저 맘씨 곱고도 고와
친구들도 많아요.

새해 아침

하늘 문 열어논 듯
함박눈이 내렸어요

대문 앞 까치 소리
새 소식을 전해와요

날갯짓 발자국마다
그림문자 그렸나 봐.

요리조리 급히 써서
지워지고, 뭉개지고

발로 쓴 글씨지만
정성이 대단해요

새해엔 하는 일 모두
만사형통 이루래요.

징검다리

붓글씨 쓰다 말고
먹물 뚝뚝 찍어놓은 듯

내 동생 장난 같아
볼수록 웃겨대요

등굣길
들고 뛸 때는
늦었다고 놀려대고.

제5부 풍선 놀이

바람은 장난꾸러기

바람은 바람끼리
요리조리 장난쳐요

지붕도 훨훨 넘고
앞 개울도 껑충 뛰고

온몸을 살랑거리며
제멋대로 놀아나요.

나무에도 안 걸리고
그물로 용케 빠져

마술을 부리는지
손에도 안 잡히게

우리가 못 가는 곳도
날름날름 잘도 가요.

숙제 많은 겨울나무

우리들의 겨울방학
나무들도 겨울방학

짝짜꿍이 되려 해도
눈짓 손짓 뿌리쳐요

겨우내 할 일이 많아
눈코 뜰 새 없다고요.

숙제 많은 겨울나무
쉬는 날도 없나 봐요

봄만 되면 파랑 잎에
꽃 피울 일 태산 같아

밤잠도 설쳐가면서
날밤 꼬박 새운대요.

시골 학교 풍경

교실은 그대론데
친구들은 십여 명뿐

그래도 재잘재잘
책상에 턱을 괴고

모두 다 생글생글대
먼 날 앞길 다짐해요.

심통도 부리면서,
웃음꽃을 피우면서

소담스레 무르익는
시골 학교 텅 빈 교실

그래도 귀염둥이로
칭찬깨나 받아요.

굿바이

굿바이 잘 놀았어,
잘 있어 내일 또 만나

인사하고 헤어져도
또 만나고 싶어져요

친구가
하도 좋아서
어쩔 수가 없어요.

친구의 목소리가
귓가에서 뱅뱅 돌아

날마다 즐거워요,
만날수록 즐거워요

굿바이
웃음소리가
내 몸속에 배었어요.

공은 골 낼 줄도 몰라

이 사람 저 사람이
되는대로 발로 차도

이리 데굴 저리 데굴
엄살도 하나 없어

오히려
잘난체하며
골 낼 줄도 몰라요.

천생이 그러한가
바람만 먹고 살며

평생을 배뚱뚱이
배고픈 줄 모른대요

꼴 문이
내 집이라고
자주자주 차 달래요.

풍선 놀이

풍선에 입 맞추면
신이 절로 솟아나고

빵그레 부풀수록
솟구치는 복덩어리

휙 불면
제멋에 겨워
공중묘기 부려대요.

후닥닥 날려대면
얼싸 좋다 제멋대로

신나는 바람 타고
하늘 끝 멀리멀리

꾀이고
달래보아도
제 고집만 세워요.

식곤증

땡볕 한창 마시다가
식곤증에 걸렸는가

스르르 오는 잠을
뿌리치지 못해요

남이야 비웃든 말든
팔자 좋게 누워 버려.

실바람 샘이 난 듯
살금살금 간질여도

아는 듯 모르는 듯
축 늘어진 저 뚝심

단꿀을 퍼부은 대도
해 기울면 눈 뜬대요.

눈사람 만들기

흰 눈이 내린 아침
눈덩이 굴려 가며

온갖 재주 부려보면
이다지도 즐겁던가?

눈사람
만들어 놓고
가슴 활짝 펼쳐봐요.

알밤 줍던 옛 추억

밤나무 아람* 벌면
밤잠도 설치었지

알통 같은 밤 한 톨이
꿈결에도 아른거려

기어이
새벽잠 깨고
동산으로 달렸어요.

나보다 먼저 나온
옛친구가 떠올라요

주머니엔 알밤 몇 톨
자랑깨나 펼쳐대면

나는야
한 발짝 앞에서
우왕좌왕 헤맸어요.

* 아람: 밤이나 상수리 따위가 충분히 익어 저절로 떨어질 정도가 된 상태. 또는 그런 열매.

옆집 꼬마둥이

언제나
만날수록
들고 뛰는 재롱둥이

만나면
싱글벙글
둘도 없는 귀염둥이

내 동생
빼다 박은 듯
정이 흠뻑 들어요.

스케이트

언제나
미끌미끌
얼음판 깔아놓고

한바탕
넘어져도
눈도 깜짝 아니해요

하늘만
쳐다보면서
방글방글 웃어요.

놀이터에서

처음 만난 친구들도
어찌 그리 친절할까?

정답게 오가는 정
한맘으로 똘똘 뭉쳐

시간이
가는 줄 모르게
하루해를 보냈어요.

강아지도 꼬리 치며
같이 놀자 떼를 쓰나?

풋낯*에 엉거주춤
허둥지둥 헤매건만

우리들
눈치만 살피며
깊은 정만 쏟아봐요.

* 풋낯: 서로 낯이나 익힐 정도로 앎. 그 정도의 낯

단짝 친구

날마다
등교하면
만나보는 단짝 친구

얼굴만
쳐다봐도
웃음보가 절로 터져

공부도
재미있고요
노는 멋도 있어요.

옹달샘

옹달샘은 졸졸졸졸
갓 태어난 아기 같아

가냘픈 목소리가
귀엽기 한이 없어

만나면 만날 적마다
정이 속속 들어요.

갈 길이 멀고 먼 걸
용케도 알아챈 듯

멈출 줄도 몰라 하고
속일 줄도 몰라 하고

맘씨가 거울같이 맑아
꿈속에서 아른대요.

재롱둥이 다람쥐

나무에 매달리어
재주 자랑 늘어놓나?

아무리 쳐다봐도
신통하기 그지없어

나 또한 저 멋에 홀려
가던 길도 멈췄어요.

산골짝 주인 행세
톡톡히 하려는가?

고개는 살래살래
발 동동 구르면서

도토리 주워갈까 봐
눈알까지 굴려대요.

단풍놀이

앞 뒷산 울긋불긋
새 옷 단장 곱게 하고

오가는 손님마다
반갑게 인사해요

나 또한
저 멋에 취해
하루종일 놀았지요.

내 그림자

나와 맺은 인연인가?
어딜 가나 따라붙어

장소를 옮길 때도
앞서거니 뒤서거니

한평생
잊을 수 없는
둘도 없는 친구여!

햇살을 등에 지고
달음박질 칠 때에도

엉겁결에 넘어지면
같이 따라 넘어지고

저 맘씨
찰떡과 같아
핏줄 속에 사무쳐.

걸레는 내 친구

날마다 더러운 곳
구석구석 닦아내도

고달프단 말 한마디
불평 하나 없어요.

온종일
좋은 일 하고도
구석 잠만 잡니다.

어딜 가나 찌든 때는
앞장서서 벗겨내고

구정물에 몸 헹궈도
화도 낼 줄 몰라요

내 친구
일등 모범생
본받을 점 많아요.

다람쥐

살그니 꼬리치는
귀여운 저 다람쥐

가냘픈 눈동자만
살금살금 굴려대고

고개만 갸우뚱갸우뚱
의심 한껏 품는 듯.

의문점이 하도 많아
말 못 하는 사연 있나?

땅 밑을 내려보다
하늘을 쳐다보다

무성한 나뭇잎 사이로
눈치 저리 살피는 듯.

즐거운 시간

이런저런 많은 놀이
수도 없이 겪어봐도

재미있는 공부만큼
더 좋은 것 없나 봐요

희망찬
우리 앞길에
밝은 빛이 솟고요.

소풍날

밤잠도 설치면서
기다리던 소풍날엔

가벼운 발걸음이
저 하늘도 날을 듯이

온종일
즐거워하다
행복 꿈에 실려요.

해수욕

넓은 바다 깔고 앉아
이내 몸을 헹궈대면

시원한 물결 일궈
신나도록 환영해요

점잖은 바닷바람도
들고 뛰며 같이 놀고.

산책 놀이

이곳저곳 거닐면서
즐겨보는 산책 놀이

새들도 벌 나비도
춤을 추며 반겨대고

어디나
신통방통해
내 마음엔 만점이네.

즐거운 음악 시간

피아노 울림소리
귀에 번쩍 부딪힐 땐

가사도 멜로디도
두리둥실 어울리어

정겨운
반 친구들과
찰떡같이 뭉쳐요.

한바탕 친구들과
합창을 부를 때면

마음도 하나 되고
음성도 하나 되어

즐거운
음악 시간엔
흥이 절절 솟아나요.

눈사람

눈이 펄펄 내릴 때는
눈사람을 만들어요

눈덩이 똘똘 뭉쳐
둥그렇게 빚어 놓고

눈여겨
살펴보면서
요리조리 꾸며봐요

팔다리도 하나 없어
볼품은 별로지만

숯덩이로 눈도 박고
수건으로 머릴 씌워

볼수록
웃음이 터져
귀염둥이 같아요.

추석 보름달

한 살짜리 아이처럼
가냘프던 그 얼굴이

날마다 공부하며
저리토록 살이 쪘나

볼수록 복스러운 얼굴
주름살도 없어요.

집집마다 찾아들며
귀염깨나 받았나 봐

추석 떡 맛이 좋아
싱글벙글 웃는 걸까

깔끔한 어머니 손맛
가슴속에 새깁니다.

행복한 교실

교실은
정다웁게
한맘으로 똘똘 뭉쳐

사랑으로 감싸주어
공부도 재미있고

대문이
활짝 열린 듯
닫힌 마음 확 풀려요.

선생님은
우리 보면
싱글벙글 웃으셔서

꽃송이가 활짝 편 듯
인정이 활활 넘쳐

먼 앞날
점쳐가면서
희망 탑을 쌓아요.

일기 쓰기

일기를 쓰다 보면
잘한 일 못한 일이

머릿속을 간질이며
거짓 없이 쓰라 해요

그래서
좋은 일만 하려고
굳게굳게 맹세해요.

잘한 일은 늘어놓고
못한 일은 숨기려 해도

내 친구 탓만 하며
속임 없이 써나가요

이제야
맘이 풀리는구나
굳은 맹세 다지고요.

즐거운 봄나들이

길거리
어딜 가나
꽃들이 반겨주고

나비도
훨훨 날아
싱글벙글 웃어대고

물새들
물장난치며
봄나들이 즐기래요.

내 동생 좋은 선물

배고플 땐 밥이 최고
금을 준들 맘에 드나

한 숟가락 먹고 나면
벙글벙글 대는 것을

내 동생
끙끙거리다
소리 없이 웃어 대요.

목마를 땐 물이 최고
장난감이 눈에 띄나

한 방울만 마셔대도
들숨 날숨 다른 것을

내 동생
선물 중 선물
밥과 물이 최고예요.

제6부 개구리 합창

반딧불

낮에는 낮잠 자고
해만 지면 놀아나고

이상한 행동거지
제 몸 달궈
빛을 내요

볼수록
야릇야릇해
내 어깨는 들썩들썩.

별들도 놀라겠다,
어둠 속을 내 맘대로

고 작은 몸뚱어리
어리광을 피우는 듯

저 재주
하도 아리송해
같이 날고 싶어요.

개구리 합창

이골 저골 서로 얼러
합창단을 이루었나?

해 지면 떼로 몰려
신풀이를 하는 건가?

개구리 세상이네요,
산새들은 잠자는데.

타고난 천성인 듯
목청도 곱고 고와

별들도 깜짝 놀라
밤잠도 못 이루고

사랑이 넘치고 넘쳐
온 들판이 들썩여요.

물오리 자맥질

무더위 저리 좋아
이리 덤벙 저리 덤벙

수양버들 너울대듯
장단 맞춰 춤을 추듯

저 햇살 움켜잡은 채
물장난만 치네요.

물새는 날개 치며
동에 번쩍 서에 번쩍

피라미 꼬리 춤에
눈빛 한창 쏟건마는

물오리 떼로 몰리어
자맥질만 치네요.

소나무

사시사철 한결같이
곱디고운 푸른 몸매

깊은 정 흠뻑 쏟아
언제 봐도 싱글벙글

한겨울
칼바람에도
굽힐 줄을 몰라 해요

하늘빛 고이 받아
온몸으로 부여잡고

나는 새도 너그럽게
품 안에 끌어안나?

우리도
저 멋에 취해
웃음보가 터져요.

채송화꽃

웃으며 쳐다보면
재롱을 부리는지

몸매 자랑 뽐내면서
아양을 떠는 건지

귀엽고 아리따운 모습
내 동생도 좋아해요.

화초밭 앞에 나와
사랑샘을 놓는 건지

친구들과 오순도순
우리끼리 얘길 해도

내 손끝 끌어당기며
만져달라 떼를 써요.

산까치의 춤

힘차고
힘찬 날개
묘기를 부려대요

높다란
푸른 하늘
떼거리로 박자 맞춰

무지개
미끄럼 타듯
구름 춤을 추어요.

예쁜 백일홍

뜰 앞의 백일홍꽃
볼수록 정들어요

어제 봐도 오늘 봐도
언제나 싱글벙글

하늘만 쳐다보고도
밤낮없이 웃어대요.

귀여운 내 동생이
매만져도 좋아하고

멍멍이가 짖어 대면
먼 산만 바라보다

이따금 비 오는 날은
눈물 뚝뚝 흘려요.

느림보 두꺼비

비바람 몰아쳐도
하늘이 갈라져도

행동거지 느릿느릿
급한 것도 하나 없어

저렇게
느려터지면
밀린 숙젠 언제 하나.

붉은 홍수 내리치고
밭둑이 무너져도

눈도 깜짝 아니하는
저 배짱 배짱 좀 봐

동네가
아우성인데
들은 척도 아니해요.

개미들의 이삿날

저렇게도 영리한가
일기예보 미리 알고

여왕님께 온갖 충성
목숨까지 바친대요

일개민
컴퓨터 선수
실수 하나 없나 봐요.

지하 궁전 세워놓고
철통같은 비밀 속에

억세빠진 비바람도
빙빙 돌다 허탕 치고

저 속내
비밀 중 비밀
어느 뉘도 모른대요.

개구리 울음소리

별빛이 쏟아지는
허허 들판 휘잡으며

고요한 이 한밤에
개구리 떼 개굴개굴

온 세상
내 것이라고
야단법석 떨어요.

실바람 지나가다
귀 기울여 엿들으니

나뭇잎 흔들면서
박수갈채 치나 봐요

달님도
싱글벙글해
밤하늘이 환해요.

조롱박

온몸이 나를 닮아
귀염깨나 받는구나

아기 같은 덩굴손이
아양 한껏 부려대고

엄마가
저걸 보시고
싱글벙글 웃으셔요.

하얗게 피운 박꽃
내 동생 살결 같아

볼수록 더 귀여워
햇살도 샘을 놓나

온종일
탑돌이 하며
떠날 줄을 몰라요.

옹고집 폭포

철부지 아이처럼
앞뒤도 보지 않고

저 높은 낭떠러지
단숨에 내리뛰어요

동생이 저런 걸 보고
내리뛸까 염려돼요.

바람도 지나가다
엉겁결에 놀라는 듯

벼랑 끝 뱅뱅 돌아
나무 끝만 흔들어요

아무리 소리 질러도
들은 척도 안 해요.

비 맞으며 크는 곡식

벼포기 콩포기도
비 맞으면 덩실덩실

가물면 가물수록
빼빼 말라 비실비실

힘줄 센 옥수숫대도
비만 오면 쑥쑥 커요.

외로운 산비둘기

고 작은 참새떼는
너무 좋아 날뛰는데

덩치 큰 산비둘기
외톨이로 슬피 우나?

친구가
너무 그리워
발만 동동 구르는 듯.

이산 저산 헤맸건만
단짝동무 찾지 못해

뼛속 깊이 사무치어
넋을 잃고 말았는가?

외골목
나무 끝에서
하루종일 울어대.

억새꽃

남들은 억세다고
본척만척 등 돌려도

엄연한 힘찬 기백
핏줄 속에 고이 새겨

저 높은
얼을 본받아
맘속 깊이 녹여봐요.

회오리바람

맴맴맴
뛰놀던 자리
수숫대도 꺾어놓고

그토록
짓밟은 자리
청소한 듯 깔끔해요

우리를
닮았는가
친구 되려고 저리 뛴다.

박 덩굴

가파른 높은 지붕
기어이 타고 올라

덩굴 속에 박 덩어리
덩그러니 앉혀놓고

보름날
보름달 불러
같이 놀며 즐겨댄다.

샘바기 바람

산비탈 고루 돌다
처마 끝에 매달리어

창문틀도 두드리고
문틈으로 스며든다

곤한 잠
깨어놓고도
뻔뻔스레 앉아있어요.

은빛 햇살 몰고 와서
앞마당에 앉혀놓고

멍멍이도 불러내어
같이 놀자 떼를 쓰나

이웃집
내 동생 친구
껄껄대며 맴맴 돌아요.

보름달은 복덩어리

사랑이 넘치는가?
웃어 대는 보름달아

어두운 이 한세상
밤새워 밝혀주고

두둥실
높이 뜰수록
복덩어리 같아요.

의지 굳센 소나무여!

언제나 어디서나
굽힐 줄도 몰라 하고

어릴 적 힘찬 기백
늙을수록 이어받아

저 참뜻
우리에게도
고이고이 닮으래요.

용맹이 벅차올라
장군 같은 얼을 받아

전통의 갑옷 입고
먼 앞날 점치는 듯

만물의
길잡이어라
의지 굳센 소나무여!

이슬방울 1

날 새자 잽싸게도
얼굴 내민 이슬방울

낮잠을 설쳤는지
먼동도 트기 전에

귀여운
생김생김이
방울같이 동그라요.

고개를 반짝 들고
아침 인사 하는 건지

해님을 반기느라
재롱 저리 피우는지

하는 짓
알쏭달쏭해
의문표만 붙어요.

이슬방울 2

밤새워 조물주가
갈고 닦은 보물인가

볼수록 아름다워
말로는 표현 못 해

진주로 거듭거듭나
햇살조차 탐을 내요.

이슬방울 3

날만 새면 악착같이
재롱둥이 재롱떨 듯

칼날 같은 풀잎에서
이리 뒹굴 저리 뒹굴

혹시나 다칠까 보아
내 정신이 아찔해요.

탐스러운 감

미모로 태어나서
미모로 마감을 해

타고난 천성인 걸
어느 뉘가 탓할쏜가?

하늘의
뜻이었거늘
고개 절로 숙어져요.

날 적부터 둥근 몸매
세상 사람 눈길 끌고

세월이 지날수록
보름달 빼닮았네!

저 품성
하도나 높아
온 만물의 본보기여!

할미꽃

잎사귀는 푸른 핏줄
꽃송인 붉은 데도

얌전히 고개 숙여
오롯하기 바이 없어

겸손한
할미꽃이라고
존경깨나 받아요.

푸른 소나무

땡볕이 쬐어대도,
칼바람이 후려쳐도

눈도 깜짝 아니하고
푸른 기백 곧추세워

청청한
솔잎 자랑하며
천년 앞길 닦나 봐요.

뻐꾸기 노래

뻐꾹 뻐꾹 뻐꾹 소리
온종일 같은 노래

음표 하나 걸어 놓고
목청 높여 불러대나

싸리잎 마구 흔들어
철쭉꽃도 잠 깨겠다.

앞 뒷산 마주 보고
딸꾹질하고 있나

나도 따라 흉내 내다
뻐꾹새 닮아가네

개구리 귀담아듣고
개굴개굴 배우겠다.

인동초 꽃사랑

가느다란 몸매 자랑
겨우내 늘어놓고

모진 추위 용하게도
버텨낸 어린 것들

칡덩굴
눈뜰 새도 없이
꽃잎 달고 웃고 있다.

부엉이의 노래

부엉이 부엉부엉
밤마다 울어댄다

별빛을 먹고도
변함없는 한 목소리

배운 것
그것뿐인가
예나 제나 똑같구나.

소나무 한 그루

우리 동네 길 모롱이
의로운 저 소나무

허리가 아프다고
지팡이 짚고 서서

꼬마도 좋은가 봐요.
눈짓 인사 바빠요.

나이도 수백 살에
몸 하나 못 가눠도

오기는 살아 있어
힘줄 한껏 퉁겨대며

젊음을 노래하는 듯
웃음보만 터뜨려요.

장난꾸러기 바람

한길 넘는 담장을
단숨에 뛰어넘어

살금살금 눈치 보며
빨래 한 벌 떨궈 놓고

그래도
성에 안 찼나
달아날 줄 몰라요.

해바라기

해를 닮은 해바라기
해만 보면 웃어대나?

제 친구 만났다고
싱글벙글 웃어대나?

저 모습
너무나도 신통해
나도 따라 웃어댄다.

바람이 솔솔 불 땐
얌전하게 춤을 추고

다소곳이 고개 숙여
예의만 지키는 듯

언제나
우리의 본보기
배울 점이 많아요.

청개구리

물가의 청개구리
파랑 몸매 눈에 어려

보고 보고 또 보아도
어찌 그리 귀여운지

내 발목 꽉꽉 잡아당겨
떠날 수가 없어요.

나무의 소원

밤낮없이 자기 꿈을
저 하늘에 빌고 빌어

키도 크고 몸집 불려
백 년 앞길 알아채고

꽃망울
알찬 열매로
넓은 세상 꿈꾼대요.

장미 꽃송이

예쁘고 예쁘네요,
내 동생 얼굴 같아

볼수록 귀여워요,
살살 웃는 저 모습이

날 새면
깡충 뛰쳐나와
어리광만 부려요.

파랑 옷 걸쳐 입고
얼굴엔 연지곤지

어른같이 화장하고
늘어놓는 맵시 자랑

온종일
학교길 옆에서
놀다 가라 떼 써요.

자벌레

고 작은 몸뚱어리
영리하고 영리하다

우리도 못 할 생각
저 벌레는 하고 말아

머리통
저리 작아도
머릿속은 넓은가 봐.

이름도 자벌레라
타고난 재주일까?

나뭇가지 저 끝까지
곧은 길만 용케 찾아

한종일
쉬지도 않고
한 뼘 두 뼘 재고 만다.

아동문학에 관한 나의 견해

채윤병

> 꿈이나 생시에나 꽃송이가 눈에 어려
> 혼쭐에 아로새겨 하늘빛만 우러르다
> 기어이, 꽃향기에 취해
> 주저앉고 말았어요.
>
> 「내 영혼 같은 꽃밭」

1. 나의 문학 생활

　나는 초등학교 시절부터 일기를 쓸 때 서투른 솜씨나마 시를 섞어 써 왔으므로 뼈에 사무쳐 동시조를 쓰기 시작하였습니다.
　또한 평생을 외곬으로 45년간 초등교육에 몸담아 왔으므로 꿈결에도 올망졸망 뛰노는 아이들이 눈에 어리어 어릴 적 동심으로 돌아가고 싶은 마음이 간절하였습니다.
　자랑거리는 못되나 평생 몸 바친 교육이었기에 잘잘못은 뒤로 미루고 어릴 적 습관을 이어받아 민족교육 선양에 다소나마 이바지해 보겠다는 생각뿐이었습니다
　그리하여 일반 시조를 쓰면서도 동시조가 항상 눈에 밟히어 초등학교, 중학교 시절 읊었던 시 한 구절이 문득 떠오르기에 옮겨봅니다.

이파리 나풀나풀 버릇도 없이
밭이랑 차고앉아 애를 태워요
아버지 밭매실 때 진땀 흘리셔
볼수록 내 마음도 안타까워요.

「추억(1), -밭에 나는 풀」

초등학교 시절 그 당시는 7·5조 시를 많이 쓰던 시대였습니다.

이 시는 초등학교 5학년 때 지은 시의 일부로서 당시 유인형 스승님께서 칭찬해 주신 것이 지금까지도 머릿속에 빙빙 돌 듯 힘이 되어 일기를 쓸 때마다 시를 섞어 쓰는 것이 습관이 되었습니다.

칙칙폭폭 칙칙폭폭 숨이 차도 잘 달린다
가는 손님 오는 손님 역역마다 인사하고
검은 연기 마셔대도 두 어깨가 으쓱으쓱
콧구멍이 그슬려도 기분만은 만점이다.

칙칙폭폭 칙칙폭폭 흥이 절로 솟는구나
흰 구름도 신이 나서 하늘에서 덩실대고
시골티가 뚝뚝 흘러 서울 말씨 서툴러도
모자 자랑 교복 자랑 기분만은 만점이다.

「추억(2), 칙칙폭폭 칙칙폭폭」

경기사범학교(당시 6년제) 1학년 1반 부반장이었던 그 당시, 국어 선생님께서 이 시를 보시고 너무 재미가 있다고 하시며 국어 시간에 나만 보시면 '칙칙폭폭'이라고 불러 주시어 나의 별명이 되고, 반 전체가 만날 때나 헤어질 때 '칙칙폭폭'이라고 인사를 하였습니다.

2. 나의 자랑 몇 가지

나는 원래 어렸을 적부터 내 자랑을 삼가는 편입니다. 수줍음도 많은 편이며 하고 싶은 말이 있어도 망설이는 경우가 많습니다. 나의 타고난 천성인가 봅니다.

그런데 이번 『강원아동문학』 특집 원고 청탁서를 받고 보니 웬일인지 새순이 돋아나듯 자랑을 떨고 싶은 마음이 생겨 염치를 무릅쓰고 마음속에 품던 몇 가지를 서슴없이 털어 보려고 합니다.

<첫째>

2009년 1월 12일 중화민국 대동현 교육청 주최로 출판기념회를 가진 것입니다. 동시조 『웃으면 복이 와요』가 중국어로 번역 해외에서 출판기념회를 갖다니 10여 년이 지난 지금에 와서 생각해도 꿈같은 일이라 여겨집니다.

이는 우리 한국에서 동시조집 2권 이상 낸 작가 100명 중 내 동시조집이 최우수작으로 선정되었기 때문입니다.

한국에선 환태평양 국제교류연맹 총재 두 내외분과 국제 무용가 8분, 우리 가족(아들, 딸, 사위, 외손자, 외손녀) 20명이 한복 차림으로 참여했고 중화민국에선 대동현 교장단 98명과 기관장 및 내빈, 문학인 다수 등 250명이 참석하여 분에 넘치는 출판기념회를 가진 바 있습니다. 그리고 이 책이 영어로도 번역되어 전 세계 여러 나라로 배부되어 한국 시조의 깊은 얼을 만방에 떨친 바 있습니다.

<둘째>

국제문학상을 여러 차례 탄 것입니다. 위와 같은 공로로 2009년 중화민국, 홍콩, 태국, 동남아에서 국제문학상을 수상하였고 연이어

2011년에는 국제통섭문화 박애상, 국제만송예술문화상과 해외에서 감사장도 8회에 걸쳐 받았음은 물론 2016년에는 중화민국에서 인물 걸출상까지 15회나 받았으니 그 감회를 말로는 형언할 수 없을 정도입니다.

현직에 근무할 때부터 지금까지 크고 작은 상장과 감사장을 받은 것이 무려 86회나 되니 이 세상에 태어나면서부터 평균 1년에 1회씩 받은 셈이 됩니다. 내 개인적으로는 영광이라 아니 할 수 없어 체면을 무릅쓰고 자랑삼아 늘어놓아 보았습니다.

<셋째>

나는 강원도 원주시 호저면 매호리 시골 마을 초가삼간 오두막집에서 태어난 몸으로 국제문학상, 감사장, 인물 걸출상까지 받게 되었음은 마치 몽상에서 헤매는 것만 같습니다.

이는 어찌 나 혼자만의 노력으로 이루어질 수 있겠습니까? 오직 전국 문학인 선후배님들이 이끌고 당겨 주신 덕분으로 생각합니다.

이제 이를 기점으로 천군만마의 힘이 솟아 명실공히 국제적 문학 작가로 발돋움하였고, 제 서예 작품도 세계 여러 나라로 전파되었는바 국제서예가로서 전심전력을 기울일 것을 다짐하며 아울러 그렇게 하라는 채찍으로 달게 받아들일 것을 맹세해 봅니다.

<넷째>

인생관이 바뀌는 느낌입니다. 지구가 좁아지는 느낌, 내 마음이 한없이 넓어지는 느낌, 이 어느 한쪽도 부정할 수 없는 현실로 착각할 지경입니다.

세계 여러 나라를 향해 비행기를 타고 넓은 바다를 건너 구름 위를 날아갈 때는 전설로만 내려오는 신선이 노는 터가 바로 이것이로구나

하는 느낌마저 들 때가 한두 번이 아닙니다.

　앞으로 내가 나갈 길은 시조를 통한 온 세계 청소년 문학과 정서를 위한 노력을 계속 추진하며 오직 인류의 자유와 평화를 위해 헌신하라는 지상 명령으로 흔쾌히 받아 분발할 것을 거듭 다짐해 봅니다.

3. 나의 동시조 작품

(1) 일기 쓰기

　　어느결에 나도 몰래
　　연필 돌돌 굴려대면

　　바람도 잠든 사이
　　흰 구름도 스며들 듯

　　일기장
　　넘기는 소리에
　　온 방 안이 고요해요.

　　시계 소리 똑딱똑딱
　　귓바퀴를 갉아대고

　　잘한 일 못한 일이
　　내 가슴살 두드릴 땐

　　글 구절
　　솔솔 일구어
　　양심대로 쓰래요.

(2) 설날 아침

새해맞이 설날 아침
까치가 깍깍 깍 깍

야릇한 지저귐은
좋다는 신호래요.

해님은
싱글벙글대며
온갖 만복 안겨주고.

새 옷에 새 신발에
내 얼굴도 마냥 웃음

거울 속 예쁜 모습
볼수록 신이 솟고

설빔이
너무나 좋아
안 먹어도 배불러요.

(3) 섬강 일기
 - 봄 소풍날

산비탈 산수유꽃
길가에 민들레꽃

별난 꽃등 내다 걸고
손 흔들며 반겨대요

벌 나비
햇살을 타고
날개춤만 추는데

즐거운 점심시간
옹기종기 모여 앉아

맛있는 것 꺼내놓고
웃음보를 터질 즈음

개미 떼
같이 먹자고
내 발등만 꼬집어요

(4) 관찰 일기
  - 할미꽃

어릴 땐 파랑 맵시
수줍어 기웃대고

철들자, 어른 행세
연지곤지 멋 부리다

며칠 새
할머니 되어
머리카락 희었네요

늙으면 늙을수록
하양 머리 숭숭 빠져

아지랑이 품에 안겨
하늘나라 구경하고

봄소식
아른거릴 땐
또 온다고 하네요

(5) 가을의 시

    도토리는 글감 찾아
    뒹굴뒹굴 굴러대나?

    알밤송이 삼 형제도
    입 벌린 채 생긋 웃고

    삼행시
    읊어가면서
    몸 둘 바를 몰라 해요

    길가의 코스모스
    리듬 가눠 간들간들

    샘바리 강아지도
    꼬리 춤에 살랑대나

    가을은
    즐거운 계절
    무진 글발 톡톡 튄다.

(6) 도둑고양이

약삭빠른 저 고양이
동에 번쩍 서에 번쩍

요리조리 훑어 봐도
꾀만 졸졸 부리는 듯

얄미운
도둑고양이
내 눈치만 살펴요.

쏴대는 저 눈동자
귀신도 놀라겠다.

영리한 참새들도
놀러 오다 도망치고

생쥐는
고개 내밀다
기절하고 말아요.

(7) 아침 바다

　　수평선 타고 노는
　　신나는 갈매기 떼

　　통통배 불러놓고
　　날개춤을 추는 건가?

　　바다는
　　넓은 운동장
　　햇덩이도 웃어댄다.

(8) 어시장 광경

　　팔딱팔딱 튀는 생선
　　좌판 위에 누어서도

　　바닷바람 물비린내
　　몸에 밴 채 눈만 깜빡

　　파도만
　　철썩거려도
　　고향 생각 하나 봐요

(9) 거울

    얼굴도 환하지만
    속내까지 환하구나

    좋은 건 좋은 대로
    나쁜 건 나쁜 대로

    네 참뜻
    하도 고와서
    내 마음도 착해진다

(10) 가을 한나절

    갈바람 장난질에
    사시나무 발발 떨면

    잠자리는 나풀나풀
    우습다고 놀려대나

    사과는
    얼굴 붉힌 채
    나만 보면 좋다는데

4. 나의 아동문학관

　아동문학은 어린이 가슴에 힘차게 타오르는 불꽃 같은 정열이 더욱 가속화되어 일상생활에서 일어나는 모든 영역과 보람된 참뜻을 각종 문학 장르로서 승화시켜 가는 것으로 생각합니다. 자라나는 어린이들에게 무한한 능력을 키워 주고 인간의 삶의 가치를 한층 더 승화시킴은 물론 문화 정신을 통해서 어린 심성에 희망과 소망을 일궈 차디찬 인간성을 따뜻하게 성숙시켜 주는 모체가 되게 하는 것이라고 봅니다. 즉 꽃송이가 향기를 뿜듯 오래도록 잊지 않게 하는 것이라고 믿습니다.

　장래 이 세상을 이끌고 갈 어린이는 그물에도 걸리지 않는 바람처럼, 흙탕물에도 물들지 않는 연꽃처럼, 위풍당당하게 나 홀로도 헤쳐 나가는 굳건한 신념을 키워나가야 할 것입니다. 그러기 위해서는 뿌리 깊은 나무같이 어떤 고난에도 흔들리지 아니하고 찬란한 빛으로 승화한 보석처럼, 언어 예술로 금자탑을 쌓고 쌓아 시야를 넓혀 문학의 꽃을 피우도록 노력해야 할 것입니다.

　어린이는 무한한 희망이 샘물처럼 솟아올라 새싹을 연신 틔우고 알찬 열매를 맺어야 하는 큰 꿈을 꾸며 어제나 오늘에나 변함없는 발길을 내디디고 있는 것인 만큼 사시사철 계절이 바뀌어도, 해가 갈수록 모진 진통을 겪으면서도 한 치의 오차도 없이 굳은 맹세를 하며 백 년 꿈 밭을 일구도록 해야 할 것입니다.

　그러므로 아동문학은 이와 같은 큰 뜻을 아로새김은 물론 불가능한 것을 가능케 하고 무궁무진 큰 힘을 길러 우리가 상상할 수 없는 일까지도 초월하는 불굴의 정신을 함양시켜 나감과 동시에 언어의 창조 즉 문학의 창조라는 큰 그릇을 만들어 내는 것이 목표라고 할 수 있겠습니다.

혹여나 지구의 종말이 온다 해도 한 그루의 과일나무를 심고 가꾸듯 천지개벽을 할지라도 불굴의 의지를 일궈 결코 나약한 구렁에서 벗어나 문학인으로 천군만마의 힘을 북돋아 주는 것이 우리 성인들이 할 의무가 아니겠느냐고 반문하고 싶은 생각뿐입니다.

끝으로 아동문학 지도자로서 다음과 같은 긴 안목을 갖고 폭넓게, 꾸준히 끈질기게 노력에 노력을 해야 한다고 봅니다.

아동문학이라고 해서 쉽게만 쓰면 된다고 생각하는 분들이 많은데 이런 생각은 위험한 장난입니다.

아동심리학을 좀 더 깊이 새겨 가면서, 아동 입장에서 구상해야 한다는 것을 말씀드리고 싶습니다.

나 자신도 앞으로 더욱 열심히 분발해 소기의 목적을 달성해 보겠다는 굳은 결심을 해보면서 두서없이 내 견해를 밝혀 본 것입니다.

앞으로 내가 갈 길은 시조를 통한 온 세계 청소년 문학과 정서를 위한 노력을 계속 추진하여 오직 인류의 자유와 평화를 위해 헌신하라는 지상 명령으로 흔쾌히 받아들임은 물론 더욱더 온 정성을 기울여 볼 것을 다짐해 봅니다. 감사합니다.

-2019년 강원아동문학 게재-

▌지은이 소개 ▌

■ 이력

채윤병(蔡允秉): 시조시인, 아동문학가, 서예가, 교육자

아호(雅號): 춘헌(春軒)

1934년 11월 8일(음력, 호적 1936년 1월 21일) 평강 蔡씨 洙範 선생과 진주 姜씨 榮運 여사의 장남으로 강원특별자치도 원주시 호저면 매호리 출생

2022년 12월 02일 별세

선영: 강원도 원주시 호저면 매호리

산현간이학교 졸업

산현초등학교 졸업

서울사범학교(6년제) 재학 중 6.25 한국전쟁을 겪음

춘천사범학교 졸업

한국방송통신대학교 초등교육과 졸업

한국방송통신대학교 교육학과 졸업(교육학사)

서울민족시사관학교 22년 교육

초등학교 45년 봉직(국민훈장 동백장 수훈)

■ 문학 활동

한국시조협회 자문위원

강원문인협회 이사

강원아동문학회 부회장

강원시조시인협회 부회장

강원국제펜클럽 운영위원

서울열린시조학회 이사

동백문학 산다촌 문인회장
남한강문학회 부회장
동백문학회 부회장
황산시조문학회 부회장
한국문인협회 회원
한국국제펜클럽 회원
한국시조시인협회 이사
국제동백시인협회 이사
한국 및 동남아 작가협회 이사
국제동백시인협회 이사
한국 및 동남아작가협회 이사
아시아 작가협회 이사

■ 국제 예술 활동

2009년 『대동의 새해 아침』 10수 중 3수가 대동시가 공모작으로 당선되어 의회 통과

2010년 『중화민국 국립대동대학 찬가』 작사

2010년 『중화민국 미화기술대학원 찬가』 작사

2009년 서예 작품 『대동의 새 아침』 중화민국 복강호텔에 기증
    (시조 10수: 320cm * 120cm)

2010년 서예 작품(단시조) 중화민국 한국영사관에 기증

2010년 서예 작품(연시조) 중화민국 상이용사회에 기증
    담강(淡江)대학교 1점, 대동시장실 1점, 중국 연변 3점, 중국 허페이시 3점 기증
    싱가포르 환태평양 국제회의실 『국제 청소년 헌장』 1점 기증

■ 국제문화교류 활동

환태평양 국제교류연맹 교육위원장

국제환경 청소년연맹 실무위원회 위원장

국제환경 예술위원회 위원장

국제환경 연합 UFC 고문

한중문화교류위원회 이사

한국손문연구회 국제교류원 부원장

■ 저서

2002년 섬강별곡 1(시와 비평사)

2003년 섬강별곡 2(시와 비평사)

2003년 동시조집 섬강일기 1(시와 비평사)

2005년 동시조집 섬강일기 2(시와 비평사)

2005년 섬강별곡 3(시와 비평사)

2007년 동시조집 섬강일기 3(시와 비평사)

2007년 섬강별곡 4(시와 비평사)

2008년 웃으면 복이 와요(笑笑福自來) 韓中版(동백문화재단출판부)

2011년 웃으면 복이 와요(Laugh & Grow Fat) 한영판(동백문화재단 출판부)

2011년 태산도 잠 못 이루고(손문정신을 기리며) 한중영판

2012년 섬강별곡 5(시와 비평사)

2013년 섬강별곡 6(시와 비평사)

2017년 섬강별곡 7(시와 비평사)

2021년 섬강별곡 8(열린출판)

■ 문학상 수상 경력

<국내상>

1997년 치악문화제 전국시조 백일장 차상(강원도지사상)
1998년 전국시조 백일장 장원(문화관광부 장관상)
2000년 동백문학(시조 및 동시조) 신인상 '백두산', '옥수수'
2001년 중앙일보 지상 시조 백일장(중앙일보사)
2001년 샘터시조문학상(서울샘터문학회장)
2002년 열린시조 전국백일장 장원(서울열린시조학회)
2003년 제20회 동백문학상(동백문학위원장)
2004년 제9회 북원문학상(한국문인협회 원주지부장)
2006년 제23회 동백예술문화상(동백예술운영위원장)
2007년 제4회 남한강문학상(남한강문학회장)
2007년 제21회 황산시조문학상(황산시조문학 운영위원장)
2009년 제1회 올해의 좋은 작품상(동백문화재단 이사장)
2009년 제28회 강원아동문학상(강원아동문학회장)
2010년 한국동시조 문학상(한국동시조문예진흥위원장)
2010년 원주예총 문화예술대상(원주예총연합회장)
2012년 제18회 강원시조문학상(강원시조문학회장)
2012년 샘터문학상(샘터문학회장)
2012년 세종문학예술대상(세종문학회장)
2013년 강원국제펜클럽 번역작품상(강원국제펜클럽위원장)
2013년 동백예술문학상(동백예술문학회장)
2017년 한국시조협회 문학상(한국시조협회 이사장)
2019년 세계문학상(세계문인협회장)

<국제상>
2009년 국제문학상(중화민국 시서화협회장)
2009년 국제문학상(홍콩문예학회장)
2010년 국제문학상(태국문예학회장)
2011년 국제통섭문화박애상(국제 손문연구회 운영위원장)
2013년 국제만송예술대상(국제 만송예술상 운영위원장)
2016년 세계인물걸출상(중화민국)
2010년 국제 감사장(중화민국 국제환경청소년 연맹, 사상고등학교장, 중화민국 대동시장, 대동현장, 대동현 체육회장, 대동현 미술교육학화 이사장, 국립대동대학교장, 대동시 풍리국민학교장, 대동시 풍원국민소학교장) 국내 감사장(동백문화재단, 동일초등학교장, 명일초등학교장)

■ 기타
1968년 전국휘호대회 한글부 장원(국무총리상)
2007년 현대시 100주년 기념 시화전(세종문화회관)-시조: 아침바다
2008년 독도 엔솔로지 『내 마음 속의 독도』 시조: 믿음직한 독도, 서예 3점
2008년 한겨레작곡가협회 창립연주회 윤대근 작곡 <작사: 아침바다>
2008년 충남 보령시 시와숲길공원 시비(詩碑) 시조: 연리지 소나무>
2009년 1월 『웃으면 복이 와요(笑笑福自來)』 한중판 출판기념회를 중화민국 대동현 교육청 주최로 열고 동남아 여러 나라에 배포함.
2011년 중화민국 손문기념관에서 출판기념회를 가짐
    (세계 각국에 배포)
2011년 국제서예대전 입상(중화민국 국제서예대전협회장)

2012년~2022년 원주투데이 <시의 향기>에 게재한 것을 원주중앙시립도서관 시화 액자로 게시(시조: 폭포 외 8편)
2015년 한국을 빛낸 시인 100인에 선정

춘헌 채윤병 유고 동시조집
섬강일기 4집
연못은 요술쟁이인가

1판 1쇄 발행 2023년 12월 2일

지은이 | 채 윤 병
엮은이 | 채희숙, 채영희, 채희자,
　　　 채희성, 채희수, 채희중
펴낸곳 | 열린출판
등록 | 제 307-2019-14호
주소 | 경기도 고양특례시 덕양구 권율대로 656, 1401호
전화 | 02-6953-0442
팩스 | 02-6455-5795
전자우편 | open2019@daum.net
디자인 | SEED디자인
인쇄 | 삼양프로세스

ⓒ 채윤병, 2023
ISBN 979-11-91201-62-8　03810

*책값은 뒤표지에 표시되어 있습니다.
*저자와 협의하여 인지를 생략합니다.